Vente du Mardi 12 Décembre 1882

HOTEL DROUOT, SALLE N° 5

A DEUX HEURES

Par suite du décès de M. de B..., homme de lettres

D'UNE COLLECTION

DE

GRAVURES ANCIENNES

Des Écoles Française & Anglaise
Imprimées en Noir & en Couleur

DESSINS, PORTRAITS, CARICATURES

Vues, Ornements, etc.

LIVRES ANCIENS & MODERNES

Dont une grande partie avec dédicace
Ouvrages sur le théâtre :
Lamartine, Contes de Da Fontaine, 1792, Victor Hugo
et quantité d'autres.

Mᵉ QUÉVREMONT
Commissaire-Priseur, Rue Richer, 46.

M. GANDOUIN	**M. A. LEFILLEUL**
EXPERT DES DOMAINES	EXPERT-LIBRAIRE
42, Rue Le Peletier.	42, Rue Le Peletier.

EXPOSITION AVANT LA VENTE
De Midi à Deux heures.

PARIS — 1882

PARIS. — IMPRIMERIE CHAIX, 20, RUE BERGÈRE. — 26146-2

CONDITIONS DE LA VENTE

La vente se fait au comptant.

Les acquéreurs paieront CINQ POUR CENT en sus des enchères appliquables aux frais.

MM. **E. GANDOUIN** et **LEFILLEUL** rempliront les commissions des personnes qui ne pourraient y assister.

Les Catalogues des ventes publiques seront envoyés aux personnes qui en feront la demande *affranchie*.

MM. **E. GANDOUIN** et **LEFILLEUL** se réservent la faculté de réunir et de diviser les lots.

ORDRE DE VENTE

1° Les livres en lot ;

2° **207** à **283** ;

3° **1** à **206**.

DESSINS

ART HÉRALDIQUE

1 — Vingt-deux feuilles contenant un grand nombre de blasons et armoiries sur peau de vélin très joliment exécutées, gouachées et or, des familles Hoenzollern, Hoensbroch Gulpen, Brumortier, etc.

Ce lot sera divisé.

CHEVALIER (E.)

2 — Projet du Cercle international du Champ-de-Mars, exposition de 1867.

Deux très belles aquarelles.

ÉCOLE FRANÇAISE

3 — Dessin d'intérieur avec de jolis ornements et figures XVIIIe siècle.

Très beau dessin à l'aquarelle.

HUOT

4 — Un joli dessin pour un roman du Directoire à la plume et à l'encre de Chine, a été gravé (légende : Mon père, je suis innocente.)

Signé.

LOCATELLI

5 — Joli dessin à l'aquarelle de l'Ecole italienne, encadré.

LUGUET

6 — Charges d'acteurs et d'auteurs dramatiques, Dumas et autres personnages de l'époque (dessins fort curieux, signés H.-L. et E.-V.).

GIRARDET (Karl)

7 — Neuf dessins.

RAFFET

8 — Jolis dessins à la sépia, signés du monogramme encadrés, deux pièces.

VARNIER

9 — Dubois dans M. Spit de la Jolie Parfumeuse (Vaudeville). Brunel dans M. Vautour, (Vaudeville).

Deux très jolis dessins à la plume et à l'aquarelle, signés.

VARNIER

10 — Brunet dans le Niais de Sologne. Clezel dans M. Narcisse de Clairefontaire.

Deux très jolis dessins signés.

10 *bis.* — Jeune fille tournée à droite regardant de face.

PASTEL.

11 — Jeune femme regardant le portrait de son fiancé.

PASTEL.

ORNEMENTS ET AUTRES

12 — Vingt-cinq dessins.

ORNEMENTS ET AUTRES

13 — Vingt dessins.

DESSINS

14 — Quinze pièces, frises, etc., par Moitte.

ORNEMENTS ET AUTRES

15 — Douze jolis dessins.

ORNEMENTS ET AUTRES

16 — Dix pièces, dessins.

DESSINS ORNEMENTS

17 — Dix pièces fleurs, marines, etc.

Huit beaux dessins.

ORNEMENTS ET AUTRES

18 — Huit beaux dessins

ECOLES FRANÇAISE ET ANGLAISE

du XVIIIe siècle, imprimés en noir.

BAUDOIN (d'ap. P.-A.)

20 — L'Épouse indiscrète, par de Launay

BAUDOIN (d'ap.)

21 — Le Midi.

Bonne épreuve.

BOILLY (d'ap.)

22 — La Douce Impression de l'harmonie, — suite de la Douce Impression de l'harmonie, par Wolff. Deux pièces faisant pendant.

Belles épreuves

BOILLY (d'ap. L.)

23 — Première et deuxième scène de voleurs, gravé par Gror. Deux pièces.

Belles épreuves.

BOREL (d'ap. A.)

24 — L'Indiscret, par Dequevauviller.

BOREL

25 — L'Indiscret, par Dequevauviller.

BOUCHER (d'ap.)

26 — Les Amants surpris. — Le Panier mystérieux, par Gaillard. Deux pièces.

BOUCHER

27 — Le danger d'aimer. — Le Berger indiscret. Deux pièces.

On a ajouté Vénus et l'Amour, d'après Vauloo.

BOUCHER (d'ap. F.)

— Les Douceurs de l'été, par Moitte.

Belle épreuve.

BOUCHER (d'ap. F.)

29 — Le Nymphes au bain, par J. Ouvrier.

Superbe épreuve toute marge.

BOUCHER (d'ap. F.)

30 — Sylvie guérit Philis de la piqûre du'une abeille. — L'Amour ranime Aminte dans les bras de Silvie, par L'empereur. — Deux pièces faisant pendants.

CARÊME (d'ap. Ph.)

31 — Honny soit qui mal y pense. — Deux pièces faisant pendants, par Hubert.

CARÊME (d'ap.)

32 — Le Réveil du Carlin, par Carrée.

COLLET J. (d'ap.)

33 — The spirit is willing but the flesh his weak, par J. Goldar

DESHAYES (d'ap.)

34 — La Résistance, par Nicollet.

Très belle épreuve.

DUGOURE (d'ap. J.-D.)

35 — Le Lever de la mariée, par Trière.

Belle épreuve avec A P D R et les armes.

DUGOURE (d'ap.)

36 — Roxelane, par Le Beau.

Belle épreuve.

ÉCOLE FRANÇAISE

37 — Deux jolis dessins mine de plomb.

ÉCOLE ANGLAISE

38 — Fidelia. — The dream. — The unlucky visit. — The cottage beauty. — The good housewife, washing her Feet. — Cinq pièces manière noire.

Jolies pièces; belles épreuves.

ÉCOLE ANGLAISE

39 — The lovers disguise. — The house maide asleep The dutl lover. — The toilet. — Angels praising Christ. — Cinq pièces à la manière noire.

Très belles épreuves; rares.

ÉCOLE ANGLAISE

40 — Such things are — Feeding the yong — Pretty Missa Sleep — The unlucky visit — The light guinea or the blade in the Dumps. Cinq pièces « la manière noire.

Belles épreuves rares.

ÉCOLE ANGLAISE

41 — Water — The smith forge — A dutch Family — Brandy is the liquor of life. Quatre pièces manière noire.

Belles épreuves rares.

FRAGONARD (d'ap. H.)

42 — Les Pétards, les Jets d'eau.

Deux pièces faisant pendant.

FRAGONARD (d'ap. H. & Mlle Gérard)

43 — L'Enfant chéri. — Les Premiers Pas de l'enfance par Vidal. Deux pièces faisant pendant

JEAURAT (d'ap.)

44 — Enlèvement de police. — Déménagement d'un peintre. Deux pièces par Duflos.

Bonnes épreuves.

LANCRET (d'ap. N.)

45 — Le Gascon puni, par de Larmessin.

Très belles épreuves.

LANCRET (d'ap.)

46 — Mlle Sasœur, manière noire par Elie Haid.

LAWREINCE (d'ap.)

47 — Le Billet doux. — Qu'en dit l'Abbé. Deux pièces faisant pendant. par N. de Launay.

LAWREINCE

48 — Mrs Merteuil and Miss Cecile Volange, par R. Girard (E. B. 39).

Belle épreuve marge.

48 *bis* — Valmont and presidente de Tourvel, par R. Girard (E. B. 63).

Belle épreuve marge.

LAWREINCE (d'ap. N.)

49 — La Sentinelle en défaut. — L'Accident imprévu. Deux pièces faisant pendant, gravées par L. Darcis (E. B. 1 et 58).

Très belles épreuves, avec la première adresse, celle de Tresca, grande marge.

LAWREINCE (d'ap. N.)

50 — Les Offres séduisantes, par J. L. Delignon.

LAWREINCE (d'ap. N)

30 *bis* — Le Repentir tardif, par Le Vilain.

LE BRUN (d'ap.)

31 — Intrigue découverte, par Voysard.

Belle épreuve.

LE PRINCE (d'ap. J.-B.)

32 — L'Amour à l'espagnole, par Saint-Aubin et Pruneau.

LEVILLY (J.-P.)

33 — L'Heureux présage, — L'Instant favorable. — L'Enlèvement. — L'Abandon, d'après Bernay. Suite de quatre pièces faisant pendant.

MAILLET (d'ap.)

34 — L'Amour couronné par les Grâces. — Les Grâces enchaînées par les Grâces. Deux pièces par Jacques.

MOREAU (d'ap. J.-M.)

35 — Déclaration de la grossesse, par Martini.

MOREAU (d'ap. J.-M.)

56 — Les Précautions par Martini.

MOTAY (P.)

57 — Diane au bain par Viel.

PRUDHON (d'ap. P.-P.)

58 — L'amour séduit l'innocence, le plaisir l'entraîne, le repentir suit. — L'Innocence préférant l'amour à la richesse d'après Mlle Mayer par Roger, 2 pièces faisant pendant.

(Très belles épreuves avant la lettre, de la plus grande fraîcheur avec de grandes marges).

RAMBERG (H.)

59 — Les Chagrins de Werther par F. Bartolozzi, ovale.

SAINT-AUBIN (Aug. de)

60 — Au moins soyez discret. — Comptez sur mes serments, 2 pièces dessinées et gravées par Aug. de Saint-Aubin.

SCHALL (d'ap. F.)

61 — Le Premier Baiser de l'Amour par Legrand.

(Très belle épreuve, marge).

SCHALL (d'ap.)

62 — Le Fidèle indiscret par Gaillard.

VAUDEUIL (Mlle de)

63 — La Famille laborieuse par Foulquier.

STOTHARD (d'ap.)

64 — The Bellar Singers par Zechin, ovale.

VILLENEUVE (à Paris chez)

65 — Caroline — Georgette, 2 pièces faisant pendant, ovales.

VOUET (d'ap. S.)

66 — Vénus et Adonis gravé par Dorigny 1638.

(Belle épreuve, marge).

WATTEAU (d'ap.)

67 — Bathing par Albaniell.

(Jolie pièce, rare).

ÉCOLES FRANÇAISE ET ANGLAISE

du XVIIIe siècle imprimés en couleur

BARNEY (Jos.)

69 — Silvia and her dying Fawn.

Très belle épreuve.

BARTOLOZZI

70 — Amusements d'été, jolie pièce ovale.

BARTOLOZZI (d'ap.)

71 — Joseph et madame Putiphar, ovale à la sanguine.

BARTOLOZZI

72 — L'Enjouement. — La Simplicité, par Noël, 2 pièces faisant pendants.

Jolies pièces.

BAUDOIN (d'ap.)

73 — L'Agréable Négligé, par Janinet.

Très belle épreuve, avec l'adresse de Basan.

BENVELL (d'ap. J.-H.)

74 — Le Serment, par Bartolozzi, ovale en bistre.

Belle épreuve avant la lettre.

BOILLY (d'ap. Louis)

75 — Le Cadeau, par Bonnefoy.

Très belle épreuve.

BOILLY (d'ap. Louis)

76 — Le Sommeil trompeur, par Wolf.

Très belle épreuve marge.

BUNBURY (d'ap.)

77 — Helena in the dress of Apilgrim, par Chapmann.

BUNBURY (Henry)

78 — Falstaff with hots pur on his bach, par Vanden Bergh. Pointillé London published april 30 th. 1793. — Falstaff's escape, par J. Chapmann, pendant du précédent (published Macklin 1792). — Falstaff reproved by king Henry, par Shenner. London published Macklin 1792.

Très belles épreuves (Tragédies de Shakespeare

BUNBURY (d'ap. H.)

79 — Florijel et Autolicus, par Duterrow, gravé par Bartolozzi.

BUNBURY (H.)

80 — Conte arabe. — Morigiani reconnaît le voleur Arab et le poignarde, etc., par Ryder.

BURNAY (d'ap.)

81 — L'Abandon, par Levilly, au pointillé.

BURNY (d'ap. Miss)

82 — The American heroine. — Cecilia, par Legrand, pointillé en couleur. — Deux pièces ovales faisant pendants.

CARÊME (d'ap.)

83 — L'Aveugle trompé. — L'Aveugle détrompé. — Deux pièces faisant pendant, par Wosenik avec A. P. D. R.

Superbes épreuves.

CARÊME (d'ap.)

84 — Bacchus préside à la fête. — Le Culte systématique. — Deux pièces par Janinet.

Très belles épreuves.

CARÊME (d'ap.)

85 — Bacchus et Erigone.

CARÊME (P.)

86 — Le Marchand d'orviétan de campagne, par Bonnet.

CARESME (d'ap.)

87 — Les Plaisirs champêtres, par Wossenik. (Paris, chez Janinet).

Très belle épreuve.

CHARPENTIER (d'ap.)

88 — L'Innocence couronnée par l'Amour, par Mariage.

Très belle épreuve.

CIPRIANI (d'ap.)

89 — L'Enlèvement de Déjanire par le centaure Nessus, par Bartolozzi.

CIPRIANI (d'ap.)

90 — The distressed Mother, par Bartolozzi, en couleur.

COSWAY (d'ap.)

91 — La Mère intéressante (Marie-Antoinette et le Dauphin.

Belle épreuve au bistre, les figures tirées à la sanguine.

COSWAY R. (d'ap.)

92 — Sportive Innocence par E. Scriven.

DEBUCOURT

93 — Attaque de la Diligence (scène de voleurs), par Bance.

Très belle épreuve.

DEBUCOURT (attribué à)

94 — Entrée d'Héloïse au Couvent.

Très belle épreuve avant toutes lettres.

DEPEUILLE (chez)

95 — Le Rustique Amoureux, ovale au pointillé, par Gautier.

DOMINICHINI (d'ap.)

96 — Cecilia, gravé en couleur au pointillé, par H. Jintgenich.

Superbe épreuve avec les armes.

ÉCOLE FRANÇAISE

97 — Arrivée de LL. MM. I. et R. au Palais Impérial de Compiègne. Très curieuse pièce rare. Coloriée.

ÉCOLE FRANÇAISE

98 — Deux ovales. Portraits de Femmes en costumes XVIIIe siècle, attribués à Demarteau.

ÉCOLE FRANÇAISE

99 — Jeune Femme, à la sanguine, avant toutes lettres, ovale.

ÉCOLE FRANÇAISE

100 — Offrande à Vénus.

Avant toutes lettres.

ÉCOLE FRANÇAISE

101 — Quatre pièces allégorics.

ÉCOLE ANGLAISE

102 — Cupids Revenge, ovale.

Jolie pièce.

ÉCOLE ANGLAISE

103 — The Discovery. — Apleasing method of rousing the docteur, etc.

Deux pièces très rares.

ÉCOLE ANGLAISE

104 — The Poor Soldier (à Paris, chez Mlle Breton), ovale.

Superbe épreuve toute marge.

ÉCOLE ITALIENNE

105 — Della Crusca en bistre ovale.

FATOU (d'ap. J.)

106 — Portrait de jeune fille anglaise coiffée d'un large, chapeau, assise au pied d'un arbre, les bras croisés ayant cessé sa lecture. (Dédié à Mme la comtesse Amélie de Bouflers.) Ovale par Colinet.

Belle épreuve.

GARNIER (d'ap. E.-B.)

107 — Achille reconnu par Ulysse, par Mariage au pointillé.

GAULLE (d'ap.)

108 — L'Amour et les Nymphes par Coupé.

Très belle épreuve avant la lettre toute marge.

GÉRARD (Mlle)

109 — L'Attente. — The woman to King coffee. — The pleasures of éducation. — 3 pièces en couleur.

HAMILTON (d'ap. W.)

110 — The Pilgrin, par Joseph Barney.

Belle épreuve.

HUET (d'ap. J.-B.)

111 — L'Amour fait offrande de son cœur à Vénus.

HUET (d'ap. J.-B.)

112 — L'Amour prie Vénus, par Bonnet.

Belle épreuve.

HUET (d'ap.)

113 — « Laisse-moi faire ».

Très belle épreuve.

HUET (d'ap. J.-B.)

114 — Offrande présentée par l'Amour à la Fidélité. — L'Amour offrant des présents à Ariane. 2 pièces faisant pendant gravées par Bonnet.

HUET (d'ap. J.-B.)

115 — La chèvre bien-aimée, par Bonnet.

Très belle épreuve.

HUET (d'ap. J.-B.)

116 — Départ pour le siège de la Bastille par Bonnet.

Très belle épreuve.

HUET (d'ap.)

117 — Amours. 2 pièces à la sanguine.

KAUFFMANN (Angelica)

118 — Eloisa par Mlle ***. Ovale au pointillé.

KAUFFMANN (d'ap. Angelica.)

119 — Porrigigit hic veneri lucida dona Pàris, par Ryland. Ovale au bistre.

KAUFFMANN (d'ap. Angelica)

120 — The birth of Shakespeare, par Bartolozzi, à la sanguine, ovale.

LANDON (d'ap.)

121 — Apollon couronnant la Vérité, par Clément, en couleur.

LANDON (d'ap.)

122 — Jupiter et Io gravé par A. Leroy.

Superbe épreuve.

LEGRAND (d'ap.)

123 — Le Dieu des Dames, par Chaponnier, 2 pièces.

LEGRAND (Aug.)

124 — La Jeune Ariadne.

Très belle épreuve.

LE GRAND (d'ap.)

125 — Le Villageois qui cherche son veau.

Très curieuse épreuve avec les figures tirées à la sanguine, coloriées de l'époque. (*Lafontaine.*)

LE NOIR (d'ap.)

126 — Charlotte at the tomb of Werther, ovale, au bistre.

MALLET (d'ap.)

127 — L'amitié les ramène gravé, par Prudhon fils, pointillé.

MALLET (d'ap.)

128 — Le Lever, par Chaponnier, pointillé.

MOITTE (d'ap.

129 — Deux pièces attribuées à Moitte. Scènes de l'histoire romaine.

Deux pièces.

MONNET (d'ap.)

130 — La prise de la Bastille, 14 juillet 1789, par Helmann. — Funérailles de Voltaire au Panthéon. Deux pièces rares.

MORLAND (d'ap. G.)

131 — Habillement de Masquerade, par Énimrac, coloriée.

Jolie pièce rare.

MORLAND (d'ap.)

132 — La Paresse, par A. Chaponnier.

PENNY (d'ap. E.)

133 — Apparent dissolution. — Returning animation, par W^me Ledgwick 1874, à la sanguine. Deux pièces faisant pendant.

PETERS (d'ap.)

134 — Jeune femme et deux enfants, d'après Marcuard au bistre, ovale.

POOTER (d'ap. P.)

135 — Le Cheval au vert, par Auberlin.

RAMBERG (d'ap.)

136 — Sorrows of Werter, par Bartolozzi, ovale.

RAMBERG (d'ap. H.)

137 — Such Things are, par M. Roulce.

Superbe épreuve, toute marge.

RAMBERG (d'ap. H.)

138 — Marché d'esclaves circassiennes.

REYNOLDS

139 — The right. Honorable Lady Louisa Mamiers par Knight.

Très belle épreuve.

ROUSSEAU (d'ap.)

140 — Le Tendre Abandon par Landolle terminé par Legrand.

ROUSSEAU

141 — Pensée d'amour par Chaponnier. — Rose d'amour par Chaponnier (2 pièces faisant pendants).

Très belles épreuves.

RUSSEL (d'ap. J.)

142 — Rural employment par J. W. Tomkins.

SCHALL

143 — 4 jolies pièces ovales en couleur avec cadres Louis XVI.

SCORODOOMOFF (d'ap. G.)

144 — Selima et Scander par Gamble, ovale.

SICARD (d'ap.)

145 — Oh, che fortuna, par Bouquet, ovale au pointillé en couleur.

SICARDI (d'ap.)

146 — Le duc de Modène et sa famille, jolie composition ovale de 3 personnages.

SMITH (d'ap. J.-A.)

147 — Thoughts on Matrimony par Bartolozzi, pointillé bistre.

STOTHARD (d'ap.)

148 — The brothers driving off Comus and his spirits par Scott, au pointillé.

WILLE (d'ap.)

149 — Repas des moissonneurs par Janinet.

ZAIS (d'ap. Giuseppe)

150 — Les Laveuses, par E. Berardi.

PORTRAITS

AVED (d'ap.)

151 — Jean-Baptiste François de Troy, par N. de Launay 1789, pour sa réception à l'Académie.

Très belle épreuve toute marge.

BOILLY (Antoine)

152 — Antoine Dubois, gravé par Gautier, en couleur.

BONNART (à Paris chez)

153— Mgr le duc de Savoie. — Mlle du Maine. — Louis le Grand. — La reine d'Espagne. — Mme la Princesse de Conty. 5 portraits très curieux, avec les habits rehaussés de soie.

DUVIVIER (d'ap.)

154 — Son Altesse Royale Madame la Duchesse de Berry, par Guiot.

KIMLY (P.-J.)

155 — Dessault, par Gautier, en couleur.

LARMESSIN

156 — 30 portraits par de Larmessin.

LARMESSIN

157 — 28 portraits par de Larmessin.

ROSLIN (d'ap.)

158 — François Boucher, par Manuel Salvador Carmona.

Très belle épreuve pour sa réception à l'Académie 1761.

VAN SCHUPPEN

159 — Dominus de Bierne, franciscus pithoeus jurisconsultus 1689.

Bonne épreuve.

160 — Catinat, Leczinski, etc., 10 pièces.

161 — Guizot, Girard, Mirabeau, 3 pièces lithographiées.

162 — Joseph (Prince), d'après Gérard, par Adam. On y a ajouté 3 pièces, un portrait sur Chine avant lettre et 2 frises.

LAFAYETTE (d'ap.)

163 — A. Scheffer, par Leroux 1824, in-folio en pied.

164 — Maréchaux, amiraux, 10 pièces par Tardieu, Voyez Vangelisty.

Belles épreuves.

165 — Ministres, généraux, 8 portraits.

166. — Napoléon, avec la bataille d'Austerlitz, en dessous de l'ovale, par Duplessis-Bertaux, par Bovinet. — Joséphine, d'après Laurent, par Audoin, deux pièces faisant pendants.

167. — Napoléon Ier, Stofflet de Bouchamps, trois pièces.

168 — Rois, comtes, etc., dix-huit pièces.

169. — Voltaire, d'après Chasselat, par Baquoy avant la lettre.

On y a ajouté 2 portraits avant la lettre, dont un sur china.

170 — Voltaire, très curieux portrait ovale colorié.

CUIVRES

171 — Renouard, par D. Guenier. — S. S. Pie IX, par Charbonnel. — Allou, par D. Guenier. — Bétolaud, par D. Grenier. — Portraits à l'eau forte, avec l'adresse de l'imprimeur Beillet.

DIVERS

BERGHEN (d'ap.)

172 — Deux pièces à la sépia et à la plume.

BOISSIEU

173 — 8 feuilles contenant plusieurs études-portraits à l'eau-forte.

CALLOT (Jacques)

174 — Suite de 15 pièces Batailles, d'après Matteo Roselli.

175 — Costumes et figures satiriques publiées en Hollande sur Louis XIV, quatorze pièces.

176 — Costumes coloriés ; Paysanne du canton de Zugg, etc., 20 pièces coloriées.

ÉCOLE FLAMANDE

177 — Miroir curieux, deux pièces rares.

178 — Estampes et lithographies, dix-sept pièces diverses.

GESSNER

179 — Un frontispice et 6 figures, par Monnet, gravés par Macret, Duprcel et Letellier.

Belles épreuves avant la lettre.

GÉRICAULT

180 — Etudes de chevaux.

Dix planches avec couverture.

GOBERT

181 — Quatre vues d'Orient, dessins.

MARTINET (à Paris chez)

182 — Dix Caricatures coloriées de l'époque (rares).

MARTINET (à Paris chez)

183 — Huit pièces, caricatures et autres de premier coloris.

MONNIER (H.) Pigal et autres

184 — Dix Caricatures coloriées.

PIGAL

185 — Dix charges, lithographies sur Paris de premier coloris.

POTTER (d'ap.)

186 — Un Titre et vingt-quatre Études d'animaux, à Paris, chez Cherot.

RIDINGER (John El.)

187 — Suite de trente-cinq planches, Cerfs, 1724 et 1748.

Suite de planches recherchées, par les amateurs de gravures de chasse.

ROUSSEAU (J.-J.)

188 — Douze figures, d'après Gravelot, pour les œuvres.

SANDERS (d'ap. Gérard)

189 — Guillaume Charles, Henri de Prusse et Caroline, par Tanjé,

TANJÉ (del et sculp.)

190 — Cinq portraits, d'après Houbraken, etc.

VERNET (Carle)

191 — Études de chevaux. Quatre pièces.

192 — Vignettes par Moreau, Marillier, Monnet, Winkeless, etc. Soixante-cinq pièces.

193 — Vignettes. Soixante-dix pièces par Moreau, Marillier, Queverdo, etc.

194 — Vue et perspective de la ville de Rome avec les principaux monuments, palais et temples. Neuf feuilles, par Giacomo Rossi, 1 frontispice et 8 planches.

195 — Vues de Londres, Berlin, Amsterdam et Italie, etc., coloriées.

196 — Vues de Paris, Meudon et autres. Quatorze pièces coloriées.

197 — Vue de Londres, de Vienne, Calais, etc. Quinze pièces coloriées.

198 — Vues de Londres, de Rome, de la Chine, de Vienne, Anvers, etc. Treize pièces coloriées.

199 — Vues de Rome, Bayonne, Brest, Bordeaux, etc. Quinze pièces coloriées.

200 — Vues de Troyes, de Versailles, etc. Dix pièces.

WATTEAU (H.)

201 — Robert, Drouais, etc. Dix pièces. Estampes de l'Ecole française.

202-203 — Diverses pièces, couleurs, portraits d'après Philippon, etc. Dix pièces.

204 — Un lot de dix pièces diverses.

205 — Un lot de sept pièces diverses. Sacrifice à Diane. en couleur, etc.

206 — Un lot de vingt-sept pièces diverses.

LIVRES

207 — ABOUT (Ed.). — Le mari imprévu. — Les vacances de la comtesse. — Le marquis de Laurose. 3 vol. in-8°. — Les mariages de Paris. — Trente et quarante. — L'Infâme. 3 vol.

208 — ACHARD (Amédée). — Les coups d'épée de M. de la Guerche. — Histoire d'un homme. 2 vol.

209 — AIMARD (Gust.). — 3 vol. in-12.

210 — Album de dessins et croquis d'artistes à la plume, à la sépia, à l'aquarelle et à la mine de plomb. 1 vol. in-8° oblong, demi-basane verte.

211 — Anatomia per uso dei pittori et scultori di Giuseppe del medico professore di chirurgia. — Roma, 1811. — 1 vol. gr. in-4°. Figures.

212 — Ancien Testament. Recueil d'emblèmes composé d'un frontispice et 26 feuilles contenant 8 médaillons allégoriques sur chaque feuille. Veau marbré, tranche rouge.

Belles épreuves.

213 — Art (l') de voyager dans les airs ou les ballons. — Paris, 1784. 1 vol. in-8° broché, avec les jolies planches (attribuées à Desrais).

Très bel exemplaire.

214 — Artiste (l'). — 1856, 14 décembre au 15 septembre 1866. 22 vol. reliés et brochés, gravures hors texte.

215 — Auteurs comiques. — (Chefs-d'œuvre des) 1860-1866. 8 vol.

216 — BALZAC. — 1 vol. in-4° illustré.

217 — BAROZZIO (Jacomo). — Regola delli cinque ordini d'architettura di Jacomo Barozzio da Vignola. 1 vol. petit in-folio. Frontispice et 45 figures vélin blanc.

218 — BERNARD (Ch.). 4 vol. in-12 br.

219 — BITAUBÉ. — Les Bataves. Paris, Garnery, an V (1797). 1 vol. in-8°, veau marb.

220 — BLANC (Ch.). — Histoire des peintres (École hollandaise. 2 vol. in-4° brochés et 1 vol. relié de livraisons dépareillées.

221 — Bons Romans (les). — 2 novembre 1860, 28 septembre 1866. — 14 vol. in-4° brochés illustrés.

222 — BOUILLET. — Dictionnaire d'histoire et géographie. 1 vol. Dictionnaire des sciences, des lettres et arts. — 1 vol.

223 — CAYLUS (comte de). — Œuvres badines complètes, 1 portrait d'après Cochin par de Launay et les jolies figures de Marillier, Amsterdam 1777, 12 vol. in-8, veau marb. tr. rouges.

224 — CHAMPFLEURY. — Caricature antique, 1 vol., — moderne, 1 vol. 1865, avec dédicace. — Le Violon de faïence, 1 vol. (dédicace).

225 — CHATEAUBRIAND. — Mémoires d'outre-tombe. 6 vol. reliés. — Génie du christianisme. 3 vol. reliés.

226 — DARESTE. — Histoire de France. 1865 à 1866. tomes 1 à 4, brochés in-8.

227 — DIODORE DE SICILE. — Bibliothèque historique, trad. Hoefer. 4 vol. in-12. avec dédicace. (Charpentier).

228 — DUMAS père (Alexandre). — Théâtre complet 14 vol., Paris, Lévy 1865 brochés. — DUMAS fils, lot de pièces de théâtre.

229 — DURUY (Victor). — Histoire populaire de la France, Paris, Hachette, 1862-1863. 4 vol. gr. in-8, brochés illustrés.

230 — DU TILLET (Jean). — Recueil des roys de France, leur couronne et maison ensemble le rang des Grands de France. Paris, Pierre Métayer, 1618. 1 vol. in-4, avec emblèmes et blason sur bois vélin.

231 — Eloge de l'enfer, ouvrage critique, historique et moral. A La Haye, P. Gosser 1759. 2 vol. in-12, papier fort avec curieuses figures par G. Sibelius, veau marbre.

232 — FÉNELON. — Les Aventures de Télémaque, fils d'Ulysse. Paris, Legras, 1740. 2 vol. in-12. fig. gravée par Le Bas. veau marbre. tr. rouges.

233 — FIGUIER. — Année scientifique, 1857-1868. 13 vol. (dont 3 brochés). — Découvertes modernes. 5 vol., 1855, demi-reliés. — Histoire du merveilleux, 1860. 4 vol., demi-rel. — Le Savant du foyer. — Les Grandes inventions. — Histoire des plantes. — La terre avant le déluge. — La terre et les mers. — Les mammifères. 6 vol, in-8, reliés et brochés. — Mer veilles de la science. Paris, Furne, 1857-1858, 2 vol. gr. in-8, demi-reliés.

234 — FOURNIER (Ed.) — Le vieux neuf. Paris, Dentu. 1859. 2 vol. in-12, brochés.

235 — FREDOL (Alfred). — Le Monde de la mer. Paris, Hachette, 1866. 1 vol. gr. in-8, broché.

236 — Gazette des Beaux-Arts, 1859 à 1865. 19 vol. gr. in-8, demi-rel. — 1er semestre 1866, broché.

237 — GIRARDIN (Émile de). — Questions de mon temps, 1858-1861. 13 vol. gr. in-8.

238 — GOLTZUM I(Hubertum). — (Icones imperatorum romanorum, ex priscis numismatibus ad verum delineatae et brevi narratione historica illustratæ per). Antverpiae ex officina Plantiniana Balthazaris Moreti 1645. Frontispice gravé et planches. 1 vol. in-4, veau marbre.

Bel exemplaire de cet ouvrage de Numissatique, si estimé.

239 — Guides par Joanne et autres, 6 vol.

240 — HOMÈRE. L'Iliade. Paris, Barbou 1776. 3 vol. grand In-8°, avec 3 fig. de Cochin, gravés par de Launay, Gaucher, Romanet, veau.

241 — HOUSSAYE (A). Les Grandes Dames. Paris, Dentu 1868. 4 vol. grand in-8° (avec dédicace) broché. Le Chien perdu et la Femme fusillée. Paris, Dentu 1872. 2 vol. brochés (avec dédicace). Le Roman de la Duchesse. Paris, Dentu 1865. 1 vol. in-8° broché (avec dédicace). Mlle Cléopâtre. Paris, Lévy 1864. 1 vol. in-8° broché (avec dédicace). Tragique aventure de bal masqué. Paris, Dentu 1874, in-12 broch (avec dédicace).

242 — HUGO. Les Misérables. Paris. Pagnerre 1862. 10 vol. in-18 brochés. Les Travailleurs de la mer. Paris, Lacroix 1864. 3 vol. in-8° avec dédicace). William Shakespeare. 1 vol. in-8°.

243 — HUGO (Victor). 12 vol. in-12 et in-8° reliés.

244 — HUGO (Chez Victor). Par un passant. Avec 12 eaux-fortes de Maxime Lalanne. Paris, Cadart 1854. — 1 vol. grand in-8°.

245 — HUGO (Mme Victor). Victor Hugo raconté. Paris, Lacroix 1863. 2 vol. in-8°.

246 — ILLUSTRATION. 1861 à 1863 (tomes 37 à 42). 6 vol. grand in-4°, brochés.

247 — LAFONTAINE. Contes et nouvelles en vers. Paris, Plassan 1792. portraits et figures d'Eirsen demi-veau.

Bel exemplaire; belles épreuves avec les culs-de-lampe de Choflard.

248 — LAMARTINE. Œuvres complètes. 41 vol. grand in-8°, brochés. Édition publiée par l'auteur en 1863. Cours de littérature. Édition de l'auteur 1856 à 1865. 19 vol. grand in-8°. reliés. Entretiens. 11 vol. grand in-8°, brochés, 1865-67.

249 — LAURENT de L'ARDÈCHE. Histoire de Napoléon. Paris, Dubochet, 1840. 1 vol. grand-in-8° illustré, par H. Vernet, dem. rel.

250 — LAZARE. Dictionnaire des rues et monuments de Paris. Paris 1855. 1 vol. grand in-8°, dem. rel.

251 — LEFRANC de POMPIGNAN. Œuvres diverses. Paris 1750. 1 vol. in-12, fig. d'après Clavereau, gravés par Fessard, veau-marbré.

252 — LE MONNIER. (Fables contés par l'abbé). Paris, Joubert 1773. 1 vol. in-8°. Fontispice par Cochin. Gravé par Prévost. Veau marbré.

253 — LIAIS (Emmanuel). L'espace céleste. Paris Garnier 1866. 1 vol. grand-8°, broché, avec gravures et chromolithographies.

254 — LUCAIN. La Pharsale ou les guerres civiles de César et de Pompée, en vers français par de Brebeuf. Paris, Antoine de Sommaville 1663. 1 vol. in-12. Frontispice gravé et fig. de Chauveau. Veau-marbré fil très rouge.

255 — MOLIÈRE. Œuvres. Paris, David 1768. 8 vol. in 12. Jolies figures dessinées et gravées, par Punt, d'aprés Boucher. Veau marbré.

256 — MURGER (Henri). Œuvres. Paris, Lévy 1859-1860. 10 vol. in-12, brochés.

257 — MUSSET (Alfred de). Œuvres. Paris, Charpentier, 1863-64. 10 vol. in-12, brochés.

258 — Myologie complète en couleur et grandeur naturelle, composée de l'essai et de la suite de l'Essai d'anatomie en tableaux imprimés. Paris, Gautier 1746. 2 vol. in-folio, avec les planches en couleur et vernies. Cartonnés.

Superbe ouvrage très rare.

259 — NODIER (Charles). Contes. Paris, Hetzel 1846. 1 vol. grand in-8°, avec les eaux-fortes de E. Johannot, dem. rel. tr. dorée.

260 — Paris-Guide. 2 forts vol. in-8° brochés.

261 — Petite Revue (la). 14 fév. 1864 au 11 nov. 1865. 6 vol. petit in-8° brochés.

262 — PELLETAN (Eugène). La mère, Paris, Pagnerre, 1865. 1 vol. avec dédicace. Œuvres, 4 vol. — Pagnerre, 1863-64.

263 — PREVOST. — Le doyen de Killerine. 1771. 6 part. en 3 vol, in-12, veau. Fig. gravées par Walaert.

264 — Revue du XIXe siècle. 25 vol. brochés.

265 — ROUSSEAU (J.-J.). — Émile ou de l'Éducation. Amsterdam, Marc Rey. 1777. — 4 vol. in-12, veau marb.

266 — SAND (George). — 30 vol. in-12, reliés et brochés (sera divisé).

267 — SHAKESPEARE. — Théâtre. — Trad. de F.-V. Hugo. Paris, Pagnerre. 1859-1864. 14 vol. in-8° brochés. Œuvres complètes. Trad. de Benjamin Constant. Paris, Charpentier. 1859. 6 vol, dem. rel.

268 — SIMON (Jules). — Souvenirs du 4 Septembre. Paris, Lévy. 1874. 2 vol. in-8° brochés. L'Ouvrière. 1 vol. Hachette. 1864. broché.

269 — SIRVEN (Alfred). — Journaux et Journalistes. Le Siècle. 1 vol. La Presse. La Liberté. 1 vol. Paris, Cournol. 1866. 2 vol. Avec portraits et dédicace.

270 — SOULIÉ (Frédéric). — Les Drames inconnus. Paris, Librairie nouvelle. 1857. 5 vol. in-12. Œuvres diverses. 13 vol. Romans.

271 — TAINE (H.). — Histoire de la littérature anglaise. — Paris, Hachette. 1863. 3 vol. in-8°.

272 — TASTET (Tyrtée). — Histoire de 40 fauteuils de l'Académie française. Paris, Lacroix. 1855. 4 vol. in-8°.

273 — Pièces de théâtre. Reliées et brochées. Ce lot sera divisé (Environ 300 vol. et brochures concernant).

274 — Tour du Monde. — Paris, Hachette. in-4°. 1860 à 1862. — 3 vol. cartonnés. 1863 à 1865. — 6 vol. brochés. Ensemble, 9 vol, et livraisons 314 à 330.

275 — Univers illustré. — 1862 au 1er semestre 1864. — 5 vol. in-4°, brochés, illustrés.

276 — VACQUERIE (A.). — Jean Baudry. Paris, Pagnerre, 1863. 1 vol. in-8°. Avec envoi à son ami R. Les Miettes de l'Histoire. Paris, Pagnerre. 1863. 1 vol. Avec dédicace à son am M. R. Profils et Grimaces. 1 vol. gr. in-8°. Avec dédicace à son ami R.

277 — VALLES (Jules). — Les Réfractaires. Paris, Faure. 1866. In-12 broché(rare).
Exemplaire avec dédicace.

278 — VAPEREAU. — L'Année littéraire et dramatique. Paris, Hachette. 1859-69. 11 vol. in-12 brochés.

279 — VERMOREL. — Les Hommes de 1848. Paris, Décembre. Alonnier. 1869. 1 vol. in-12, broché. Les Hommes de 1851. 1 vol. id. Les Vampires. 1 vol. id. Œuvres de Robespierre et de Danton. 2 vol. Les Mystères de la Police. 3 vol. A paru anonyme. Mirabeau (sa vie, ses discours, ses opinions). 5 vol.

280 — VERON (Dr). — Mémoires d'un Bourgeois de Paris 5 vol, in-12 broch.

281 — VOLNEY. — Les Ruines. Paris, Desenne. 1792. 1 vol. in-8°, veau marb.

282 — VOLTAIRE. — La Henriade. Amsterdam. 1746. 1 vol. in-12. 10 fig. Veau marb.

283 — ZOLA (Émile). — Thérèse Raquin, Paris, Lacroix. 1868. 1 vol. in-12, broché. Dédicace.

Au commencement de la vacation il sera vendu environ 500 vol. éditions originales, romans, pièces de théâtres et autres livres curieux avec envois, etc., et que le temps ne nous a pas permis de cataloguer.

PARIS. — IMPRIMERIE CHAIX, 20, RUE BERGÈRE — 26144-2.

www.ingramcontent.com/pod-product-compliance
Ingram Content Group UK Ltd.
Pitfield, Milton Keynes, MK11 3LW, UK
UKHW032011260826
14628UKWH00005B/2433

9 782329 511962